AF392642

ALIADOS

©ALIADOS

Ovimar Montiel

Publicado por: Editorial Bien-etre.

Diseño de Portada: Mary Pérez

Diagramación: Karla A. Bidó Mateo

Ilustrador: Milcíades Suero

ISBN: 978-9945-636-30-7

Edición: Editorial Bien-etre.

www.a9od.com

Primera edición 2022.

ALIADOS

*UN VÍNCULO TRANSFORMADOR
ENTRE LÍDERES Y EMPLEADOS*

OVIMAR MONTIEL

A mis abuelos, Ramón Medina y Ovidia de Medina, quienes han creído en mí desde el primer día. Los amo, son mi mayor motivación e inspiración.

ÍNDICE

AGRADECIMIENTOS

Primeramente, a Dios por ser el centro de mi vida. Agradezco todo lo que ha hecho en mí.

A mis padres, Levi Montiel y Ritzy Medina. Gracias por enseñarme a luchar por lo que quiero. Hoy soy lo que soy gracias a la formación que me dieron. ¡Los amo! Este y todos los triunfos venideros se los dedico a ustedes; les agradezco mi vida entera.

A mis abuelos, Ramón Medina y Ovidia de Medina. Gracias por guiarme, cuidarme y amarme de una forma tan real.

A mi hermano, Levi R. Montiel, gracias por tu apoyo; eres mi inspiración y siempre trabajaré para darte el mejor ejemplo. Te amo.

A Danilo Quinto, mi compañero de vida. Gracias por tu inmenso amor, tu apoyo incondicional y cada palabra de aliento, pero sobre todo por creer en mí y ser cómplice de cada uno de mis sueños. Te amo.

A la Academia de *coaching* y capacitación americana (ACCA) y al gran líder Jeff García; gracias por permitirme ser parte de esta gran familia. Gracias por todos los conocimientos brindados, los mismos que me han permitido formarme y obtener un nuevo Yo.

A mi queridísimo y estimado mentor, Gonzalo Romero, quien me ha enseñado que cuando uno quiere, puede. Gracias por su cariño, sus recomendaciones y de forma especial por su apoyo en este proceso. Lo aprecio muchísimo.

PRÓLOGO

En el momento que Ovimar me comentó que estaba escribiendo un libro sobre emociones, liderazgo y su relación con las organizaciones, me contenté por lo que ello significaba. En principio, porque escribir un libro exige dedicación y concentración, además de disposición de ánimo. Había logrado entonces, la madurez suficiente para escribir con profundidad sobre temas que domina muy bien, no solo porque los ha estudiado, sino porque es una líder con un manejo emocional admirable y ha tenido que desarrollarlos en las distintas etapas que le ha tocado vivir en los últimos años.

El éxito de cualquier organización se basa en cuatro pilares básicos: el liderazgo, las personas, el espíritu de equipo, y la calidad del servicio. Pero todo depende del líder. Si la cabeza se mueve, la cola también. El arte del liderazgo es el arte de manejar el poder y el poder es la capacidad de DAR, quien puede dar algo o sacar algo a alguien, ese tiene poder y a través de ese poder el líder básicamente satisface necesidades, resuelve problemas y al mismo tiempo le da un significado a la vida de sus colaboradores, les da un porqué luchar, porqué esforzarse, es decir, *el líder muestra la visión y comparte la misión.*

Y he ahí entonces el primer reto del líder emocionalmente inteligente: encontrarse a sí mismo y su lugar dentro de las organizaciones, pues normalmente, los líderes no descubren que sus competencias, su manejo emocional y aptitudes son parte de su capacidad de liderar.

¿Quiere ser el causante de problemas o quiere ser quien los resuelva? ¿Entiende que el mundo es muy grande y que debe conformarse con alguno de los problemas nada más?

Esas son las preguntas que persiguen para toda la vida al líder natural y lo llevan por distintos lugares en función de ver el liderazgo como un todo. Decide una carrera, decide sus relaciones interpersonales basándose en los retos que esas relaciones le generan a su condición de líder. Por otra parte, en la familia, el liderazgo es un asunto fundamental.

Ovimar se pasea en este escrito por las fórmulas que, en su opinión, son precisas para mantener como «aliados» a ese liderazgo, manejo emocional, sinceridad y empatía como base de los movimientos del líder dentro de las organizaciones.

En ocasiones las personas pueden pensar que los estilos de liderazgos son solo imposición de criterios por la fuerza basados en la visión autocrática y llegan a esa conclusión a la hora de analizar las realidades, llamando líder al que grita una orden y asumiendo al liderazgo como el hecho de dar órdenes para que otros las cumplan.

«Un prerrequisito para la empatía es simplemente prestar atención a las emociones de los demás» dijo Daniel Goleman en alguna oportunidad, tiene razón sin duda, pero si usamos esa frase para hablar de liderazgo un prerrequisito del líder es ser empático con los demás. He ahí el papel de la gerencia, sobre todo de la gerencia de talento humano a la hora de colocar en función de líder a quien de verdad tenga las competencias.

¡Cuánto sufre una organización por un mal líder a cargo! Se habla de estrepitosas pérdidas económicas causadas por líderes grises a la cabeza de organizaciones.

En el mundo de hoy, donde el *marketing* sustituyó a las ideas por los *slogans*, leer a Ovimar es importantísimo, porque pone en la mesa los ingredientes necesarios para el éxito de los líderes dentro de las organizaciones, la gente que sabe que el liderazgo positivo y bien ejecutado, traerá consigo resultados extraordinarios que dejarán huella.

Apreciado lector, espero que disfrutes este libro tanto como lo disfruté yo. Me llena de orgullo y satisfacción contribuir con esta hermosa obra que es el fruto del trabajo, la experiencia y el compromiso con el aprendizaje y la enseñanza que tiene la autora.

Gracias Ovimar por tu ejemplo de líder íntegro, y por permitirme ser parte de éste maravilloso libro, nunca dejes de sentir pasión por lo que haces. Sigue dejando huellas en la enseñanza y en el liderazgo. Es un camino arduo, pero también colmado de alegrías. Y gracias por ser mi amiga, el valor central del ser humano y el mejor regalo que he podido recibir.

Eso tiene valor, no tiene precio.

Un fuerte abrazo y felicitaciones.

Mary Dennys.

INTRODUCCIÓN

La ilusión de publicar mi primer libro ha sido un deseo que me ha acompañado gran parte de mi vida. Recuerdo que cuando trabajaba como obrera en una construcción, luego de siete horas de trabajo me decía: «Yo escribiré un libro». Y estoy feliz de que hoy lo tengas en tus manos.

No puedo negarte que a mi mente llegaron pensamientos de duda e incluso sentí miedo. A veces me preguntaba, ¿acerca de qué puedo escribir? Consideraba que todo estaba escrito. Sin embargo, un día pensé; *no todo está dicho*. ¿La razón?, sencillamente nadie lo ha expresado como yo.

Este libro propone un nuevo estilo de liderazgo para los gerentes que forman parte de una organización, debido a que cada vez menos, los seres humanos responden a líderes autoritarios y egocéntricos. Por el contrario, se sienten más inspirados e identificados con aquellos que ejercen un liderazgo transformador y basado en el servicio, en el que puedan ser reconocidos por su trabajo y por lo que sus aportes no tangibles brindan a la organización.

Sin embargo, un nuevo estilo de liderazgo no solo depende del líder de la empresa ni de los compañeros de trabajo, sino que empieza con el trabajo interno de cada uno; es por eso que, si se desea recibir reconocimiento y empatía de otros, hay que dar el ejemplo y una de las mejores formas de hacerlo es a través de un proceso de autodescubrimiento que te permita reconocerte y desarrollar la capacidad de reconocer a los demás.

En esta obra, además, expongo cómo los procesos de *coaching organizacional* generan cambios significativos en dichos líderes. Estableceré una serie de estrategias basadas en el programa **MRI** (Motivación, Reconocimiento, Incentivos) con el fin de optimizar el ambiente organizacional, así como transformar la relación entre líderes y empleados con el propósito de crear alianzas e identificación con los objetivos de la empresa. Dentro de ellas se encuentra **el salario emocional**, ya que uno de los errores más comunes dentro de las organizaciones, es que se suele invertir con más frecuencia en estrategias poco eficaces que tienen efecto de forma externa en la vida de los empleados. Mientras que, mediante el uso del salario emocional, la organización podrá gozar de una cultura organizacional óptima y mantener a sus empleados satisfechos y comprometidos con los objetivos de esta.

Entre otros objetivos, quiero recordarte que estas estrategias no solo tienen aplicabilidad a nivel organizacional. Como seres humanos debemos mantenernos en constante autoevaluación, saber hacia dónde vamos y cómo estamos actuando en nuestra vida con los demás. Este libro no pretende generar cambios de forma inmediata, es más bien, una invitación a la reflexión progresiva y a cuestionar la forma en la que actúas o te relacionas con otras personas.

A través de tu experiencia en este camino, podrás influenciar y transformar a otras personas. Es tiempo de ser parte de la solución, aun cuando el entorno no refleje las mismas ganas. Convertirte en un líder basado en el servicio, te traerá extraordinarios resultados.

Por lo tanto, te invito, estimado lector (a), a iniciar una travesía por los caminos de aprendizaje del *coaching*. Aunque este puede ser un poco incómodo, te exhorto a que te mantengas. Porque sé que llegarás al camino de la transformación personal que comienza a partir del deseo de mejorar como persona y de servir a otros.

¿Estás listo?

Iniciemos juntos este recorrido.

Ovimar Montiel

CAPÍTULO I

FELICIDAD EN EL TRABAJO

«Sé tú el cambio que quieres ver en el mundo».
Autor desconocido

El mundo en general, y el mundo empresarial en particular, está lleno de inconformidades y necesidades tales como: «si no fuera por», «la culpa es de», «yo soy así», «la cultura de la compañía es así», «el injusto de mi jefe», «se cayó el sistema», «soy un número más», «no reconocen mi trabajo», «mejor busco otro empleo», «¿y si renuncio?» ... Con base en estas aseveraciones, se puede identificar que no todos los trabajadores están conformes con la organización de la que forman parte. La pregunta es, ¿depende de los empleados estarlo? ¿O los líderes y jefes pueden cooperar en la construcción de un mejor ambiente donde se genere la motivación y la felicidad organizacional?

En una encuesta realizada por la Online Carreer Center publicada en elempresario.mx (2018), se determinó que el 96% de los profesionales encuestados consideran que el salario emocional es importante para la retención de talento y el 98% que es relevante para la productividad de los empleados. Con frecuencia he podido observar tanto en reuniones sociales a las que asisto, como en estados de WhatsApp e Instagram, la inconformidad de algunas personas hacia su trabajo.

Lo que me lleva a hacerme las siguientes interrogantes:

- ¿De dónde viene esa inconformidad?

- ¿Será que una necesidad no cubierta?

- ¿Es una simple queja?

- ¿Será una crítica?

Desde mi experiencia puedo identificar que, en la mayoría de los casos, se trata de una necesidad no cubierta. La necesidad que tiene el empleado de ser reconocido, motivado e incentivado no solo por las funciones que realiza, sino también por lo que su **esencia** y sus **habilidades blandas** (adaptabilidad, habilidad para la comunicación, inteligencia emocional, creatividad, innovación…) agregan a la organización.

Las organizaciones siguen otorgando más peso a aquellas **habilidades duras** (gestión de proyectos, contabilidad, investigación de mercado, diseño gráfico…) que constituyen el conocimiento, experiencia y aptitudes de una persona. Pero ¿dónde quedan entonces las habilidades blandas? aquellas que te hacen mejor persona, y te permiten gestionar tus emociones y sentimientos de forma asertiva.

Sé que cada vez somos más quienes hemos podido identificar que la productividad dentro de una organización ya no se basa solamente en la cantidad de horas que un empleado dedica a la empresa. En ella también influyen la motivación, la felicidad y el reconocimiento que se recibe por parte de los líderes.

Tener un trabajo estable siempre será una de las metas personales más deseadas por algunos. Ahora imagina que tienes el trabajo de tus sueños y te sientes feliz no solo por hacer lo que amas, sino porque además eres reconocido por tus superiores. Entonces surge la pregunta: ¿Es posible lograr la felicidad organizacional?

Sí es posible, de hecho, la felicidad organizacional se define como la facultad que tienen los líderes para ofrecer y facilitar a sus trabajadores las condiciones y procesos de trabajo que permitan el desarrollo de sus fortalezas individuales y grupales, con la finalidad de generar una cultura organizacional sustentable y sostenible.

Según el profesor Wenceslao U. Manríquez, «mayores niveles de felicidad pueden lograr un aumento cerca del 20% en la productividad de los trabajadores/as». Debido a que la felicidad organizacional está asociada a una multitud de resultados deseables tales como mejor salud mental, mayor compromiso, menores intenciones de renuncia y mayores niveles de productividad y rentabilidad en las organizaciones. (Manríquez, s. f.).

Desde este punto de vista, es de suma importancia que el sector empresarial implemente la felicidad organizacional si desea incrementar su productividad y generar la armonía idónea entre resultados tangibles y el bienestar, tanto de las organizaciones como de sus empleados. Para ello, resulta efectivo incorporar dentro de su planificación, talleres, charlas motivacionales, incentivos de tipo emocional, un clima de comunicación asertiva con todo el equipo y/o realizar actividades en las que se ponga en práctica la psicología positiva.

Según Happiness at Work, los empleados pasan alrededor de unas 90.000 horas en el entorno laboral en toda su vida (Jones, 2010). Por lo que se hace necesario un equilibrio entre los factores laborales y la felicidad, esto con el fin de que exista una satisfacción tanto en el rendimiento laboral como en lo concerniente a la emoción.

Para Rojas (2013) «La felicidad no es un medio para que la gente trabaje mejor y la empresa sea más rentable». La felicidad resulta una vía para que el talento humano pueda dar lo mejor de sí y esto se vea reflejado en la rentabilidad financiera. Por ello, como gerente debes velar por tener las mejores condiciones laborales para tu equipo, en otras palabras, para tus aliados (Eclass, 2013).

¿Cuántas veces has escuchado que la felicidad es una decisión y que depende de ti mismo? Ciertamente, la felicidad es una emoción que depende de ti y a nivel organizacional se determina de la misma manera, es decir, es una corresponsabilidad entre la empresa y el trabajador.

Fernández (2015) hace referencia a la felicidad organizacional como esa capacidad de la empresa que tiene como finalidad «[...] ofrecer y facilitar a sus trabajadores las condiciones y procesos de trabajo que permitan el despliegue de sus fortalezas individuales y grupales, para conducir al desempeño hacia metas organizacionales sostenibles, construyendo un activo intangible difícilmente imitable».

Muchas organizaciones de las que formé parte no creaban un entorno adecuado para los empleados. ¿Qué pasaba conmigo en ese momento? Llegué a sentir desánimo, me desmotivé tanto que a veces me preguntaba, ¿merezco estar aquí?, ¿esto me llevará a mis objetivos? Y sé que muchas veces te preguntas si es normal sentirte así; y sí, lo es, sin embargo, tu propósito principal debe ser no engancharte a ese sentimiento o emoción, procurando transcenderlo y sacarlo de tu vida.

Ciertamente la organización debe cooperar en mantener un ambiente adecuado para los empleados. Con base en mi propia experiencia es que hoy sugiero a los líderes practicar y fomentar la felicidad organizacional como estrategia de transformación dentro de sus empresas para evitar la rotación del personal y una cultura organizacional desfavorable. Pero más allá de eso, hoy quiero decirte que tú también tienes la capacidad de disfrutar el entorno en el cual te estás desenvolviendo e incluso de gestionar tus emociones y sentimientos asertivamente, así como de mantener la motivación hacia los objetivos que te has planteado.

Todo es bueno, incluso lo malo. Tal como lo indica Aguirre (2002): «Es fácil tener una actitud positiva si comprendes que todo tiene su lado bueno, incluso lo más desagradable. Para apreciar lo bueno de la vida en toda su plenitud, tenemos que experimentar también su opuesto» (p. 2).

Respecto a lo anterior, hoy quiero regalarte la mejor recomendación para estos casos. Pregúntate:

- ¿Qué logre hoy?

- ¿Qué aprendí hoy de mis trabajadores?

- ¿Qué legado quiero dejarles a mis trabajadores?

CAPÍTULO II

EL SALARIO EMOCIONAL

La satisfacción de haber logrado algo importante y ser reconocido por ello no se compara con nada.

Ovimar Montiel

¿Por qué trabaja la gente?

Es posible que te hayas hecho esta pregunta. Las personas trabajan para devengar un salario. Sin embargo, ¿hemos pensado alguna vez en la remuneración emocional? Las entidades laborales brindan estrategias que favorecen a los empleados de forma externa, ya sea mediante bonos, pago de horas libres o vacaciones como mencioné antes. La interrogante es: ¿cuándo las organizaciones invertirán en remuneraciones emocionales para los empleados?

Recuerdo que un día de clases en el diplomado de negociación y gestión de conflictos escuché por primera vez el concepto de «salario emocional». Me pareció curioso y de inmediato pregunté al profesor acerca del tema. Él nos explicó que el salario emocional estaba relacionado con el logro de objetivos que deberían tener las organizaciones, como conseguir la identificación del empleado con la entidad laboral, garantizar un clima laboral óptimo y mencionó la importancia del coaching como disciplina para lograrlo y su favorable contribución en la vida de las personas, e incluso de las organizaciones.

Y fue en ese momento donde comprendí que las organizaciones no solo deben implementar estrategias que generen beneficios económicos sino también aquellas que contribuyan al crecimiento personal del empleado.

Por lo tanto, el salario emocional son todas aquellas razones no monetarias por las que la gente trabaja contenta. Es un elemento clave para que las personas se sientan a gusto, comprometidas y alineadas en sus respectivos trabajos. De acuerdo con Temple (2017), el salario emocional es «la oportunidad para que las personas de todo nivel se sientan inspiradas, escuchadas, consideradas y valoradas como parte de equipos; de los cuales se sienten orgullosos de pertenecer, de crecer, desarrollarse y ser cada vez más empleables».

La estrategia del salario emocional genera varios beneficios que ayudan a incrementar el nivel de productividad y competitividad de la empresa. Estos básicamente se traducen, en una palabra: *motivación*. Por ejemplo: Reconocer personal y laboralmente a un empleado evitará que quiera irse por no ser lo suficientemente valorado.

Las organizaciones cuentan con beneficios para sus empleados, pero no necesariamente son los adecuados para garantizar de forma efectiva la estrategia del salario emocional. Lo realmente importante es escuchar las necesidades de los trabajadores dentro del equipo.

Otro beneficio que provee esta estrategia es motivar a las personas a dar el primer paso. Significa que los trabajadores pondrán sus talentos a disposición de la empresa sin que sea necesario pedirles que lo hagan.

Como líder, no te imaginas todo lo que puedes generar en tus empleados a través del uso de frases como: «¡Lo has hecho muy bien!»; «valoro tu iniciativa»; «confío en tu criterio». Con el propósito de que los trabajadores se identifiquen con tu liderazgo y además sientan que su desempeño es reconocido.

Promocionar el desempeño del empleado es gratificante, lo que contribuye a expandir los esfuerzos y las energías de la persona. Se propician las oportunidades para festejar triunfos de producción que sienten suyos como si fueran dueños de la empresa, orientando las oportunidades hacia efectos positivos que terminan en el binomio ganar-ganar para ambos protagonistas. (Vanegas García & Delgado Abella, 2013).

De acuerdo a lo señalado por Abad (2008):

> El sueldo ya no es lo más importante, y lo que se denomina como salario emocional viene a ser un factor clave en la satisfacción del empleado. Mientras que un sueldo puede ser mejorado por la competencia, el factor emocional es lo que realmente lo diferencia y el que consigue que los empleados sean leales a la misma. (p.10).

Por lo tanto, como líder de una empresa debes expandir las estrategias para crear un mejor ambiente organizacional, generando nuevas herramientas relacionadas con factores extrínsecos a la vida del empleado. Más específicamente, donde se tome en cuenta de forma directa la calidad de vida del trabajador, transformándolo en un ser agradecido, creativo e innovador.

El talento humano motivado, siempre tenderá a exhibir actitudes y comportamientos positivos, ya que en general, muchos de ellos poseen una alta dosis de amor propio. De manera que, si se reconoce acorde a sus requerimientos, el clima organizacional será más agradable, estimulante y enérgico con miras a lograr los objetivos del equipo.

¿Cómo lograr efectividad a través de la estrategia del salario emocional?

La selección de nuevas estrategias organizacionales proviene de las necesidades que se quieren satisfacer dentro de la empresa, es decir, una estrategia ideal para cada entidad. No se trata de contar con un gran presupuesto, sino de promover iniciativas que permitan la identificación de los colaboradores con la empresa.

El objetivo principal es proporcionar a los empleados beneficios no monetarios que los hagan sentir cómodos dentro de la empresa, creando un valor adicional de la que los empleados no querrán desprenderse. Esto, además, será un elemento diferenciador de la misma en comparación con sus competidoras.

Es importante que el liderazgo de una organización deje de pensar que el salario emocional solo es una estrategia de las grandes empresas. Toda organización está formada por seres humanos y todos quieren sentirse plenos en sus empleos. Darle efectividad al salario emocional depende del líder en primer lugar. Toma la iniciativa e identifica lo que verdaderamente hace feliz a tus colaboradores; lo que puede funcionar para unos quizás puede no hacerlo para otros. Por la misma razón, es necesario averiguarlo a través de una pequeña encuesta o una breve reunión con tus asociados.

Puedes iniciar practicando y generando:

- Nuevas oportunidades profesionales de crecimiento
- Un lugar de trabajo agradable
- Sistemas de incentivos ajustados a las necesitades del equipo
- Mejoras en la cultura organizacional
- Actividades que fomenten el crecimiento personal y profesional del colaborador
- Fortalecimiento de lazos de empatía en las relaciones interpersonales.

El salario emocional atiende de forma directa los elementos satisfactorios generando crecimiento profesional, bienestar laboral y sensaciones positivas en los empleados. Así lo expresa, Gómez (2011):

> Dentro de los componentes del salario emocional están los satisfactores, que se traducen en formas de ser, tener, hacer y estar, de carácter individual y colectivo, conducentes a la actualización de necesidades. Se trata de proporcionar a los empleados beneficios, no monetarios, que les hagan sentirse cómodos dentro de la empresa generando a la compañía un valor adicional [...]. (p. 7)

La aplicación de componentes satisfactorios en las organizaciones va más allá de un departamento de recursos humanos debido a que depende también del liderazgo y sus posibilidades. Los líderes juegan un papel fundamental en la aplicación de nuevas estrategias, ya que si se comprometen pueden aportar y aumentar la felicidad laboral.

¿Es posible ver cambios en las organizaciones?

Al día de hoy existen herramientas que permiten generar los primeros cambios. En primer lugar, *la capacitación*, que puede ser un instrumento de ventaja competitiva y de construcción de inteligencia colectiva que se extiende desde operarios hasta directivos. En segundo lugar, *las formaciones*, que pueden ser de tipo presencial y/o virtuales. Además, incluir procesos de *coa-*

ching organizacional, mentoring y retroalimentación, aplicados a los trabajadores que representan la entidad.

En cuanto a los procesos de *coaching organizacional*, se pretende que el trabajador reciba apoyo, aprenda de sí mismo, mejore su desempeño y alcance sus objetivos, bajo el acompañamiento de su entrenador o líder. A diferencia del *mentoring*, que se circunscribe a la transmisión informal de conocimientos y apoyo psicosocial a través de la figura de un mentor.

El objetivo principal de estas herramientas y estrategias es que los líderes o jefes puedan crear una cultura organizacional adecuada en la que su personal sea tomado en cuenta, sea reconocido y donde el empleado se sienta identificado y comprometido con las metas organizacionales.

Como líder o jefe, tómate el tiempo de reconocer a tus empleados. A continuación, te comparto algunas formas de hacerlo:

- **Da las gracias:** reconozca verbalmente el trabajo destacado de los empleados.

- **Publica los logros:** destaque a los empleados sobresalientes en el boletín de noticias de la compañía o reconózcalos en una reunión del personal.

- **Fomente el desarrollo profesional dentro de la empresa:** permita que los empleados puedan postularse a otros cargos.

- **Muestre su aprecio de forma tangible:** otorgue certificados personalizados que sirvan como recordatorio del logro de sus empleados.

- **Desarrolle líderes de servicio:** reconozca las habilidades de un empleado pidiéndole que oficie de mentor a empleados nuevos.

CAPÍTULO III

COACHING: UN ELEMENTO TRANSFORMADOR

«Lo mejor que puedes hacer por los demás no es enseñarles tus riquezas, sino hacerles ver la suya propia»

Goethe

¿Coaching? ¿Qué es el coaching?

Leer o escuchar la palabra «Coach» o *«Coaching»* quizás puede generar interrogantes o dudas en las personas. Es posible creer que es algo nuevo de este siglo, sin embargo, sus orígenes se remontan al siglo XV, específicamente en Hungría, por la creación de carruajes o coches que permitían trasladar a las personas de un lado a otro. Por la misma razón, la palabra Coach deriva de «coche»; varios autores consideran que ambas cumplen las mismas funciones. (Sosa, 2017).

Hacer referencia al hecho de que proviene de la palabra coche me recuerda que el proceso de *coaching* es como un viaje, es como estar montado en un auto. Y quizás te estás preguntando, ¿por qué? Un carro te trasladará desde un lugar específico hasta el lugar o destino deseado. Así es un proceso de *coaching*, se inicia con la necesidad de superar u obtener algo y a través de las herramientas y el acompañamiento del coach, podrás llegar al lugar deseado.

¿Quién es el coach?

Estoy segura de que esta palabra la relacionas con un instructor deportivo. Normalmente se consideraba que el proceso de *coaching* era utilizado y desarrollado en materia deportiva, sin embargo, gracias a la influencia de diferentes disciplinas el coaching ha evolucionado de manera significativa abarcando niveles personales, profesionales y de negocios, pero manteniendo sus objetivos de atender las necesidades de las personas.

Sin imaginarlo, los inicios del coaching surgieron a través de las habilidades del gran filósofo Sócrates, quien se caracterizaba por hacer constantes preguntas a sus discípulos hasta que estos encontraran la respuesta por sí mismos. Este método se conoce como la mayéutica de Sócrates. (Sosa, 2017).

El papel que desarrollan los *coaches*, se relaciona con las habilidades que desarrollaba el filósofo Sócrates. Leonardo Wolk en su libro *Coaching, el arte de soplar brasas*, establece que un coach será un provocador dentro del proceso, ya que a través de preguntas poderosas logrará que tú mismo puedas reconocer el camino que te llevará a tu objetivo deseado (Wolk, 2003).

Conforme a mi experiencia, un proceso de *coaching* se caracteriza por generar alternativas y herramientas que sacarán lo mejor de las personas. Tal como lo estableció Goethe, los *coaches* tienen como propósito ser facilitadores en la vida y en los procesos de los *coachees* (personas responsables del cambio).

De acuerdo con Platón, «cada hombre posee dentro de sí una parte de verdad, pero requiere la ayuda de los demás para descubrirla». Lo mismo ocurre con el *coaching*, su propósito no solo es transmitir conocimientos sino acompañar a las personas a descubrir las habilidades que les permitirán alcanzar sus objetivos.

En otro orden, el *coaching* ha sido influenciado y sostenido por diversas corrientes filosóficas y otras disciplinas, permitiendo su expansión y aplicación en nuevos campos. Por ejemplo, la filosofía existencialista establece que somos seres únicos e irrepetibles; a su vez, la fenomenología determina el estudio de los pensamientos humanos como un todo y la psicología humana hace referencia al *coaching* humanista. Asimismo, estas corrientes han generado la creación de nuevas disciplinas como lo es el *Coaching* Moderno.

Basado en un análisis de la obra *El coaching y su aporte profesional al deporte* de David Farfán (2019), se determina que existen tres corrientes fundamentales: el *coaching* norteamericano, fundado por Thomas Leonard, cuya metodología fue basada en un sistema de coaching 5 x 15 que consiste en cinco elementos interrelacionados con quince competencias; el *coaching* europeo, fundado por John Withmore, quien basó su método en el potencial interno del ser humano, específicamente en la conciencia, autocreencia y responsabilidad; y el conocido *coaching* Ontológico, que maneja específicamente el lenguaje y es de origen chileno, creado por Fernando Flores, Rafael Echeverría y Julio Olalla. A través de su método determinaron la manera en cómo se interpreta a los seres humanos como seres lingüísticos y la capacidad de distinguir las cosas una vez que son nombradas. En este método se trabaja con las dimensiones cuerpo, mente y emoción (p. 16).

Todo proceso necesita de pilares que ayuden a su desarrollo y garanticen su efectividad, y el *coaching* no es la excepción. Entre los pilares fundamentales considero que la escucha activa debe ser el principal elemento en el cual los coaches deben fundar su práctica. No obstante, para lograr una escucha activa y un análisis correcto de la situación, el coach debe basarse en la toma de conciencia para determinar dónde está el coachee y a dónde quiere llegar. Además, debe procurar la motivación y buena autoestima, es decir, la autocreencia y la responsabilidad que permite que surja el compromiso y la voluntad de ir por los cambios y objetivos.

Por lo tanto, con la influencia de nuevas doctrinas y disciplinas, el *coaching* se ha expandido de tal manera que hoy contamos con:

- *Coaching* de vida
- *Coaching* ejecutivo organizacional
- *Coaching* financiero
- *Coaching* para familia y parejas
- *Coaching* para negociación y neuroventas
- *Coaching* de salud

Sé que muchos han visto, leído o incluso escuchado a personas que de profesión son «coach de vida». Quizás este término ha generado duda o interés en las personas. Es importante reconocer que un coach no es un psicólogo ni un guía ni un orientador; el coach será un facilitador en el proceso.

El *coaching* de vida (o *coaching* personal) es un proceso que te permite alcanzar el mayor grado posible de tu potencial. Surge a través de una conversación entre el coach y el cliente, en la cual se establecen pautas y herramientas para que él mismo pueda encontrar la respuesta correcta.

Para Lozano (2008), el coaching de vida es el arte de facilitar el desarrollo potencial de las personas para alcanzar objetivos coherentes y cambios en profundidad (p. 127). En este proceso, el coach ayuda a las personas a esclarecer sus metas, ya sean personales o laborales, y a ponerse en marcha para alcanzarlas.

Gracias a la expansión de esta disciplina, el coaching hoy en día es aplicado también dentro de las organizaciones, enfocándose en el liderazgo empresarial, el mejoramiento del clima laboral y las relaciones dentro de los equipos de trabajo; y la búsqueda de una mayor productividad.

¿Qué genera el coaching organizacional en los líderes?

El *coaching* brinda a los líderes nuevas habilidades que van a permitir la creación de un nuevo estilo de liderazgo basado en la transformación, el cambio, el reconocimiento, la empatía por las necesidades de los empleados y a su vez de la organización.

Entre las habilidades que se pueden obtener se encuentran: la inteligencia emocional, autoconocimiento, empatía, escucha activa, reconocimiento, capacidad de gestionar conflictos, cooperar con el crecimiento de los demás, responsabilidad y confianza en sí mismo. Sin duda alguna estas habilidades son claves para los líderes que realmente desean contribuir al crecimiento de sus colaboradores.

«El *coaching* es una alternativa importante para las organizaciones». Lozano (2008)

Cuando las organizaciones promueven estilos de liderazgo donde los líderes cumplen el rol de un coach con sus equipos, están permitiendo que se genere una cultura de aprendizaje en la que se obtiene lo mejor del talento humano. Se produce un ambiente de trabajo que mantiene la motivación en sus niveles más altos, lo cual es clave para el éxito de la organización y la construcción de un clima y unas condiciones laborales adecuadas, resultando en la eficiencia en los procesos.

Según un artículo de la revista Forbes en el que entrevistan a Magda Mook (Directora Ejecutiva de la International Coach Federation) ella mencionó un estudio sobre el *coaching* en organizaciones realizado en el 2015 por la International Coach Federation (ICF) y el Human Capital Institute (HCI), en el que se reveló que «el 81% de las organizaciones encuestadas planeaba incrementar el uso de habilidades de coaching en sus gerentes, líderes y aumentar en un 72% en el uso de coaches internos y en un 35% en el uso de coaches externos». (citado en Amaya, s. f.).

Por ello es clave iniciar el trabajo con directivos, dado que la organización es el reflejo del estilo de dirección. Por consiguiente, permitirá que las personas continúen, por enamoramiento y compromiso con la organización y no por necesidad del trabajo (Lozano, 2008).

Es importante reconocer los objetivos de este proceso. Sea cual sea la categoría a utilizar, el *coaching* tendrá un mismo objetivo que es lograr resultados eficaces, motivar y satisfacer a las personas. A nivel organizacional se busca reconocer e incentivar al empleado independientemente del cargo que tenga en la empresa.

Puedo decir que el *coaching* ejecutivo organizacional genera nuevas estrategias y herramientas para los líderes o superiores como la capacidad de reconocer las habilidades blandas de los trabajadores que constituyen su organización, mejoras en la cultura organizacional y concientizar el valor real de los empleados. Así como las personas se empoderan y logran sus metas, dentro de la organización se logran cambios significativos, específicamente en el tipo de liderazgo que se aplica para los empleados.

Sin embargo, aunque la realidad en las organizaciones puede variar entre una y otra, estoy segura de que cuando los líderes, superiores, gerentes o jefes son capacitados bajo este tipo de procesos, la información será transmitida, y aun cuando el cambio se genere en una sola persona, esta servirá de ejemplo para los demás.

¿Qué se logra a través de los procesos de coaching ejecutivo organizacional?

- Se evita la rotación de personal.

- Mayor compromiso e identificación del empleado con la empresa.

- Cumplimiento de las normas organizacionales.

- Productividad.

¿Cómo se pueden aplicar estrategias de *coaching* organizacional para potenciar a los empleados?

Uno de los ejercicios más efectivos es el llamado «test de las fortalezas». El objetivo principal de esta herramienta es que las personas que forman parte del equipo identifiquen sus principales fortalezas y a su vez puedan crear nuevas rutinas personales en las que incorporen las fortalezas identificadas.

El *coaching* de equipos permite reforzar el aprendizaje, facilita la reflexión y permite la toma de decisiones para cambiar o mejorar hábitos en los participantes. Es muy importante recordar que cada herramienta se aplica dependiendo de las necesidades organizacionales existentes o identificadas. Por ejemplo: si como gerente identificas que se debe trabajar más en la planeación estratégica, lo ideal sería aplicar una herramienta para definir e identificar las metas y objetivos.

Otra de las dinámicas aplicables es «El árbol de los logros». Su objetivo principal es la integración y alineación de esfuerzos.

Le permite a los líderes y colaboradores identificar las fortalezas, debilidades y oportunidades, y qué tan cerca o lejos se está del logro de metas de la empresa. Además, se genera un espacio para reflexionar, conversar, integrar al equipo, y así tomar las mejores decisiones en conjunto.

En el proceso de la dinámica, cada participante dibuja un árbol con raíces, tronco, ramas, y muchas veces lo rodean nubes y piedras.

¿Pero qué representa este árbol?

- Las raíces representan los valores y fortalezas del equipo.

- En el tronco del árbol se debe escribir el nombre de la empresa.

- Las ramas contienen los frutos y logros del equipo.

- Las nubes representan las metas y el futuro que se desea.

- Las piedras representan algunos obstáculos.

Seguido del dibujo del árbol, es necesario iniciar con preguntas poderosas, que permitan generar en el líder una reflexión sobre su equipo y organización.

En cuanto a las **fortalezas**:

- ¿Cómo ayudan las fortalezas del grupo a conseguir metas?

- ¿Cuáles son las fortalezas individuales que también tiene el equipo?

- ¿Cuáles no?

En cuanto a los **logros conseguidos**:

- ¿En qué ha contribuido cada persona?

- ¿Cómo ha beneficiado al grupo alcanzar esos objetivos?

En cuanto a los **obstáculos**:

- Los obstáculos que identifica cada persona, ¿también son percibidos como obstáculos por el resto del grupo?

- ¿Debido a qué son barreras?

- ¿Debido a qué no lo son?

- ¿Cómo están restando efectividad al equipo?

En cuanto a los **aprendizajes**:

- ¿Qué fortalezas se están utilizando?

- ¿Cuáles no?

- ¿Qué ha aprendido cada persona con el árbol de los demás?

El objetivo principal siempre será generar empatía y apoyo entre los líderes y colaboradores que forman parte de la organización. Es importante mantener al equipo motivado, no solo para alcanzar las metas organizacionales, sino para lograr una cultura positiva entre los empleados y asociados.

¿Será el *coaching* el secreto para transformar las organizaciones o lo es el estilo de liderazgo que se implementa? Una pregunta para reflexionar, sigue leyendo y saca tus propias conclusiones.

CAPÍTULO IV

LIDERAZGO DE SERVICIO

«Un verdadero líder es quien potencializa las capacidades de su equipo, y hace brillar a su gente»

Nelson Mandela

El tema del liderazgo es complejo e incluso parece ser un problema que atenta contra la estabilidad laboral y genera rotación constante de personal por tal motivo, es importante que los líderes puedan identificar la manera en cómo están guiando a sus empleados para contrarrestarlo.

La pregunta es, ¿qué tipo de liderazgo están creando hoy las organizaciones? Sea cual sea la estrategia que las empresas apliquen, es preciso considerar la motivación, el reconocimiento y el incentivo como principales aliados para el buen desempeño de sus empleados. Así como, pasar de un estilo de liderazgo único, a uno basado en inspiración y servicio. Como mencioné antes, es probable que gran parte de la infelicidad que se presenta en los trabajadores al momento de desempeñar su rol, se deba al estilo de liderazgo o la cultura organizacional de la empresa.

Actualmente, las organizaciones deben tener como objetivo principal la formación o contratación de líderes que ayuden a desarrollar al personal, convirtiéndose en agentes de cambio que fomenten el crecimiento dentro de la organización; que motiven, reconozcan e incentiven al empleado tanto por sus habilidades duras como las blandas. Líderes que eviten la competencia entre los empleados, dejando de lado el ego y la competitividad.

Los gerentes y líderes no son dueños de la energía laboral del trabajador, sino que dependiendo de su satisfacción y de cómo se sientan emocionalmente, se otorgará a la empresa el suficiente impulso para fortalecer la competitividad y la capacidad productiva de la misma. Por lo tanto, como líder, debes evitar la disonancia emocional; es decir, no debes reprimir las emociones ni generar frustración, tristeza y desilusión que pudieran ocasionar sentimientos negativos y rechazo hacia la responsabilidad laboral.

Es frecuente conseguir líderes que están en una posición debido a su alto nivel de competencias técnicas en un área determinada, no obstante, muchos de ellos no despliegan competencias integrales de liderazgo. Para ilustrarlo, puedes encontrar gerentes capaces de ejecutar excelentes estrategias de control y disminución de costos, pero que no se han formado para apoyar a sus colaboradores. Otro caso particular puede ser el de un director de ventas que es un gran vendedor, pero que le cuesta facilitar el desarrollo de su equipo.

¿Por qué sucede esto?

En ocasiones, a nivel organizacional existen modelos de contratación que influyen en la selección del personal adecuado, debido a que la mayoría de las veces dan prioridad a las habilidades duras o intelectuales de las personas. Por esta razón, más allá de todos los conocimientos que un líder o un jefe puede brindar a la organización, es necesario reforzar habilidades que permitan generar un mejor contexto de comunicación y relación con los empleados.

Una vez escuché de una compañera de estudio que, como líderes, no podemos dar lo que no tenemos. Es necesario que las organizaciones generen nuevas estrategias que permitan identificar las fortalezas o debilidades de los líderes que tienen a cargo, con el propósito de poder desarrollar un estilo de liderazgo adecuado a la organización para el manejo de sus equipos y lograr vínculos directos con los empleados.

¿Cómo quieres que se desarrolle tu liderazgo?

Walter Isaacson, en su libro *Steve Jobs: lecciones de liderazgo* (2014), hace referencia a las grandes cualidades de Jobs. Su estilo de liderazgo era audaz, tenía importantes habilidades comunicativas e intelectuales, pero también, esa pasión e ingenio para hacer realidad los sueños que otros creían inalcanzables. ¿Te sientes identificado? Jobs siempre decía a su equipo: «*Chicos, pueden hacerlo mejor*». Para él nunca se trató de una crítica al trabajo sino de un reto. Con esas tres palabras, conseguía dar un motivo a su equipo para esforzarse más y conseguir los mejores resultados. ¿Cabe duda de que este tipo de líderes son valientes, perseverantes y lo arriesgan todo por conseguir sus sueños? No, de ninguna manera.

A continuación, te compartiré varios consejos que te permitirán reforzar tus habilidades con el propósito de generar un liderazgo de ejemplo y de inspiración para otros:

- Comunica lo que quieres y pregúntales a tus asociados lo que quieren.

- Pregúntales a tus asociados qué esperan de ti

- Aplaude y reconoce el esfuerzo de tus empleados más allá de los resultados que se obtengan.

- Invierte en el conocimiento de tus empleados. El conocimiento da poder a las personas, y las personas dan poder a las organizaciones.

El estilo de liderazgo no te lo da el cargo que desempeñas y muchas veces ni lo que te dices a ti mismo que eres. Te lo dan las personas a tu alrededor y lo que ellas dicen de ti. Es importante recordar que para fortalecer tu estilo de liderazgo es necesario mantener un equilibrio emocional, la motivación, y el optimismo. Tú puedes ser tu propio líder o el de otros, lo importante es reconocer que a través de tus experiencias podrás ser ejemplo y transformar la vida de los demás.

Antes de ser un buen líder debes convertirte en mejor persona.

CAPÍTULO V

SER, HACER Y TENER

«El "TENER" no "PRODUCE" el "SER", sino todo lo contrario».

Víctor Manzanilla

¿**C**uántas veces has creído que si **tienes** algo finalmente podrás **hacer** lo que has deseado o lo que tu **ser** ha soñado? Cuántas veces has dicho o escuchado de otras personas «cuando sea gerente me comportaré de esa manera», «cuando tenga dinero me tomaré unas vacaciones», «cuando tenga tiempo aprenderé sobre algún tema», «trabajaré duro para tener una buena casa» ... Al nacer, las personas somos formadas en función de vivir para tener y hacer las cosas que hemos soñado. Pero ¿quién refuerza nuestro interior o nuestro ser, aquello que constituye quiénes somos realmente y hacia dónde vamos?

¿Qué pasa cuando vives o piensas de esa manera?

Posiblemente vives convenciéndote a ti mismo de que la primera barrera a la cual te enfrentas es la falta de algo (tiempo, dinero, condición física, posición…), posicionando el principio universal del logro de la manera incorrecta. En otras palabras, el «tener» no «produce» el «ser», sino todo lo contrario. (Manzanilla, s. f.).

El beneficio principal de vivir desde el ser es que te permite conectarte contigo mismo, conocerte bien no solo como líder si no como persona. Todo ello con el propósito de **decidir siempre en función de quiénes somos y hacia dónde vamos**. Este es el auténtico poder de ser, saber y discernir bien lo que quieres hacer para llegar a tener «todo» lo que verdaderamente es importante en la vida e incluso en la organización de la que formas parte.

No es cuestión de hacer más en menos tiempo, sino de **mantener un equilibrio entre producir y generar la capacidad de hacer** aquello que realmente te sirva para lograr tus metas más importantes. Y esto se consigue organizando y ejecutando las prioridades que habrás definido desde la misión y visión que te has planteado en cada uno de los roles de tu vida.

Detrás del éxito de algunas personas existen herramientas y/o estrategias que han permitido el logro de sus metas. Una de las estrategias más efectivas en las personas es dejar de vivir para tener, hacer y luego ser en la vida. Por ejemplo: muchas veces habrás podido escuchar que naciste para tener estudios, una casa, un carro y así ser «exitoso». Esto es falso ya eres exitoso por el simple hecho de existir, por tu esencia, por tu actitud y por lo que día a día construyes en ti.

Sé que estamos en un mundo donde se reconoce a las personas por lo que hacen o por lo que tienen más allá de su esencia o valores. Quiero recordarte que alcanzar el éxito no se mide por todo lo que tienes en la vida o por todo lo que a diario hacemos, sino realmente por quiénes somos y queremos llegar a ser. A esto se refiere vivir desde nuestro ser.

Practica este ejercicio titulado «Descubre tus valores» con el cual lograrás identificar y reconocer quién eres más allá de lo que tienes. Contesta las siguientes preguntas al menos doce veces y comprueba lo que se repite una y otra vez.

- ¿Para qué te levantas cada día?

- ¿Qué te mueve en la vida?

- ¿Para qué quieres vivir?

- ¿Para qué quieres disfrutar?

- ¿Qué es importante en la vida?

> *Las cosas importantes en la vida las obtienes*
> *por lo que eres, no por lo que tienes.*

¿Qué pasa cuando vivimos desde el tener?

Cuando vivimos desde el tener, simplemente queremos obtener grandes resultados y de forma inmediata. Vivir desde el tener puede generar incomodidad, desespero e incluso propiciar la queja constante. Es importante concientizar que el tener no define quién puedes ser o eres realmente. Ese no debe ser el enfoque.

Hemos vivido en piloto automático, siguiendo los mandatos y paradigmas de la sociedad; pensando y fantaseando con tener todo lo que queremos sin realmente fortalecer lo que queremos ser, siendo esta la clave y estrategia para generar dicho resultado.

Cuántas veces no hemos escuchado «cuando tenga el ascenso en mi trabajo voy a poder hacer esto o aquello, seré alguien reconocido y respetado». ¿A caso se reconoce verdaderamente a un empleado con solo ascenderlo?

Vivir desde el hacer, es un estado de conciencia donde la persona se hace responsable de sus acciones con el propósito de llegar a donde quiere. No obstante, ¿su ser estará fortalecido? ¿No estará viviendo para llenar vacíos emocionales a través de las actividades que realiza? Hemos sido formados bajo el patrón de conducta de Tener-Hacer-Ser porque no tomamos la iniciativa de crear cada día una mejor versión de nosotros mismos. Pero fortalecernos de adentro hacia afuera nos permitirá lograr y atraer resultados diferentes.

Hacer las cosas desde nuestro interior (ser) es lo que hace realmente la diferencia. En la vida no siempre obtienes lo que quieres, sin embargo, siempre vas a obtener lo que eres. Tu resultado del día de hoy es el reflejo de la persona que has sido durante años. Vale la pena preguntarse entonces:

- ¿En qué persona me quiero convertir?

- ¿Qué persona quiero ser?

Lo más importante para crear un nuevo hábito en tu vida es practicar la manifestación, es decir, declarar y expresar lo que realmente se desea. El ser se relaciona con tu autoimagen, es decir, lo que mereces, lo que eres capaz de hacer y tener sin olvidar quién eres realmente.

Si crees y piensas que no eres merecedor de recibir amor es probable que todas tus relaciones tengan un resultado negativo, ya que está guiado bajo el patrón de que «no mereces amor»; y surge la interrogante de por qué siempre te sucede lo mismo o por qué fracasas en las relaciones. Entonces, ¿cuál es realmente tu autoimagen? Es ahí donde se refleja vivir desde el tener; ya que tienes más relaciones bajo el mismo patrón y sigues creyendo que son estas el problema, cuando en realidad, el problema es el paradigma que tienes de tu autoimagen, el cual no ha sido transformado ni trabajado a través del ser.

Para cambiar nuestra autoimagen debemos ser conscientes de lo que hay dentro de nosotros. Aun cuando no suele ser tan sencillo al principio, te aseguro que practicarlo e intentarlo te llevará a descubrir nuevos niveles donde tendrás la capacidad de identificar y transformar tus pensamientos, emociones y sentimientos.

Tus pensamientos generan tus sentimientos. Esos sentimientos te llevan a una acción que generará un resultado positivo o negativo conforme a la manera en que gestionas tu Ser.

Y... ¿Cómo lo haces?

Puedes empezar haciendo cosas que te hagan sentir bien. Medita, lee, pasa tiempo con las personas que te agradan y conócete a ti mismo. El secreto para trabajar en el Ser es que te comprometas a todos los días hacer algo que construya a la persona en la que te quieres convertir, no en lo que quieres Tener. Visualiza lo que quieres transformar en ti; las personas te tratan de acuerdo con cómo te sientes.

¿Y cómo esto nos puede ayudar dentro de la organización?

Vivir desde el Ser, nos da la capacidad de auto conocernos, de ser más empáticos, aplicar nuestra inteligencia emocional; es decir, nos brinda la capacidad de poder gestionar y manejar nuestras emociones conforme a la situación que podamos estar viviendo. De modo que, cuando una persona goza de estas cualidades, puede crear y mantener relaciones más sólidas con los demás, inclusive, tendrá la capacidad de identificar qué es lo que realmente se merece en la vida.

Cualquiera que sea nuestro rol en una organización o en nuestra vida personal, las capacidades conversacionales, el conocimiento de sí mismo y el aprender a desaprender ayudarán a generar cambios en nosotros, en nuestros vínculos y en las organizaciones. Los cambios en una organización no perdurarán si no tienen arraigo en las personas que la componen; esto es, en su sistema de creencias, valores y la manera en cómo perciben el mundo.

Por ejemplo, si tú anhelo es ascender a un puesto de mayor rango gerencial, es esencial que trabajes en tu ser. Analiza algunos de los siguientes aspectos:

- ¿Cómo piensa ese gerente?

- ¿Qué conocimiento debes adquirir para pensar como la persona que tiene ese cargo?

- ¿Cómo es su vestimenta?

- ¿Cuáles son sus actitudes?

- ¿Qué hábitos tiene?

Como verás, el ser es lo más significativo que debes analizar, por lo que tendrás que dedicar parte de tu tiempo a concientizar esos roles que deseas desempeñar. Todo esto es con el fin de convertirte en ellos. Las personas exitosas, son aquellas que decidieron estudiarse a sí mismas y trabajar primordialmente en su esencia, ya que como he mencionado antes, no podemos dar lo que no tenemos.

Al principio, el proceso de empezar a escucharte y conocerte a ti mismo suele ser un poco duro, porque te obliga a darte cuenta de lo que realmente necesitas en tu vida. El *coaching* me ha regalado las herramientas necesarias para identificar a dónde quiero ir. Una vez que decidí empezar por mí, me di cuenta de que todo puede ser posible si así lo estableces y trabajas para ello.

Te invito a que puedas trabajar en tu esencia y transformar todo aquello que te perturba en aspectos que te hagan sentir diferente. Toma la iniciativa e identifica las habilidades que deseas adquirir y tener como líder. Estoy segura de que una vez que tomes la decisión, tu entorno cambiará. Es increíble el hecho de que cuando cambias tú, cambian todas las áreas de tu vida, desde tus relaciones personales, tu actitud como líder hasta tu rol como colaborador de la organización.

De acuerdo con lo anterior, a partir de ahora, cada vez que te establezcas nuevos sueños por lograr, indaga: ¿en quién debo convertirme para lograrlos? Toma tu tiempo en el enfoque del Ser.

Lo que he aprendido en estos años gracias a personas que he conocido y que me han ayudado a crecer y cambiar, es: si te has enfocado en el Ser, y luego trabajaste duro como nadie en el Hacer, el Tener será una bendición tanto para ti como para tus seres amados.

¿Qué persona deberás ser hoy para iniciar tu jornada y alcanzar tus sueños? ¿A qué te comprometes para lograrlos? ¿Qué esperas para comenzar?

CAPÍTULO VI

PROYECTO MRI PARA PERSONAS Y EMPRESAS

«si el trabajador no se siente valorado se consume en un instante, mientras que si se siente valorado trabaja mejor y se acopla bien»

Diane Fassel

A nivel organizacional existen fallas que pueden generar incomodidad o desmotivación en los empleados. Por eso, el primer paso para transformar a las organizaciones es iniciar por sus líderes, gerentes y jefes, reforzando sus habilidades blandas para así generar conciencia y empatía de ellos hacia sus trabajadores.

Como la mayoría de las quejas emitidas por los trabajadores se relacionan con la falta de reconocimiento o motivación, he creado un programa llamado **MRI**: Motiva, Reconoce e Incentiva. Es cierto que no se puede mantener a un empleado motivado y feliz durante toda su jornada, pero sí se puede crear un ambiente y una cultura organizacional adecuada para su desempeño.

El programa MRI pretende convertirse en una herramienta para los líderes de una organización, con el propósito de validar las competencias de los empleados, ya que son ellos quienes hacen a la organización.

¿Cuál es el objetivo del programa MRI?

El objetivo principal de este programa es que las organizaciones eviten la alta rotación del personal y puedan crear un ambiente ideal para los empleados. Va dirigido a aquellas organizaciones interesadas en crear una cultura de ganar-ganar e incorporar la transformación personal como elemento sustancial dentro de sus objetivos organizacionales. Se hace referencia a ganar-ganar no solo con la finalidad de aumentar los niveles de ingresos y productividad de la organización, sino también, de mantener un capital humano satisfecho de pertenecer a la empresa.

A través de este programa se fortalecerán las habilidades de los líderes generando empatía y escucha activa; permitiendo que estos puedan identificar las necesidades personales de los trabajadores y no solo aquellas que se generan en el lugar de trabajo. Así como comprender las situaciones que surjan en la vida de sus colaboradores.

¿Cuál es la aplicación del programa MRI?

Hacer referencia a la Motivación, el Reconocimiento e Incentivo, quizás puede ser un tema incómodo para algunas organizaciones. Sin embargo, reconociendo que no siempre se puede mantener motivados a los trabajadores, existen herramientas y estrategias como el salario emocional, que pueden generar una transición en la organización.

A continuación, te comparto algunos ejemplos de cómo hacerlo:

- **Convierte a tus empleados en aliados**, es decir, trabaja en equipo con ellos logrando que se sientan parte de la empresa y hagan suyas las metas organizacionales. Joe Robinson (2013) en su artículo *convierte a tus empleados en aliados*, cita una frase de Diane Fassel, fundadora de Newmeasures, en la que expresa que «si el trabajador no se siente valorado se consume en un instante, mientras que si se siente valorado trabaja mejor y se acopla bien». (Robinson, 2013).

- **Amplía las oportunidades de crecer dentro de la empresa**. Como líder, debes asegurar que la cultura de trabajo apoye el crecimiento y desarrollo del empleado, evitando o eliminando los obstáculos para que así logre hacer su labor utilizando todas sus capacidades en pro de la organización.

- **Reconoce el trabajo de tus aliados**. Toma el tiempo de reconocer y agradecer a tus aliados por el desempeño que día a día desarrollan dentro de la organización. Realiza encuentros previos a la jornada laboral donde se pueda reconocer a los empleados por el apoyo y su contribución con las metas de la entidad laboral.

- **Identifica las habilidades de tus aliados**. El desarrollo de competencias laborales en tu organización es indispensable para alcanzar el éxito a largo plazo. Uno de los métodos efectivos para identificar habilidades es el *coaching*, debido a que el empleado se beneficia de contar con el apoyo de un líder que identifica sus capacidades y a su vez lo ayuda a potenciarlas.

- **Crea una cultura organizacional ideal para tus aliados**. Realiza un diagnóstico interno para identificar qué hace falta en la organización. Elabora un plan de acción en el que se incluyan formaciones y talleres de habilidades blandas que permitan al empleado conocer sobre principios y valores dentro de la organización. Además, establece protocolos dinámicos que fomenten un liderazgo positivo y sobre todo una comunicación efectiva. Una cultura organizacional donde prevalezca el bienestar y la felicidad se traduce en mayor productividad y entrega del empleado.

Se recomienda que las organizaciones realicen cada mes una charla en la cual los líderes, gerentes o jefes puedan, a través de un análisis determinar sus fortalezas, debilidades y oportunidades (FDO) para mejorar su estilo de liderazgo.

Ejemplo de la herramienta FDO:

- **Fortaleza**: Toma la iniciativa
- **Debilidad**: Poca empatía

- **Oportunidad**: Mayor empatía.

A través de un FDO los líderes pueden identificar sus fallas o posibles debilidades y corregirlas o convertirlas en oportunidades.

En cuanto a su aplicación inicial, se puede determinar la importancia que tiene la presencia de un coach organizacional dentro de la empresa, ya que podrá acompañar a la alta gerencia a mejorar sus estrategias de liderazgo y comunicación con los aliados que forman parte de la organización de forma efectiva.

Nunca olvides que, no hay mejor satisfacción que ver a otra persona crecer y que tú hayas formado parte de ese proceso. El programa MRI no solo es aplicable a nivel organizacional, sino también personal. Porque si no estamos bien con nosotros mismos jamás podremos darle a los demás el reconocimiento y valor que se merecen.

Y tú, ¿te motivas? ¿Te reconoces? ¿Te incentivas? ¿Te conoces?

Sé que el proceso puede ser duro, sé que puedes estar preguntándote cómo mantenerte motivado, e incluso sentirte desanimado. Y es normal, es parte del proceso. Solo quiero recordarte que la motivación inicia desde nuestro interior y de nosotros depende reforzarla todos los días, esto te mantendrá en el camino que te llevará a tu meta deseada.

Es importante recordar que los cambios no perduran si no tienen arraigo en las personas, es decir, es valioso e importante estar conectados con nuestro sistema de creencias, nuestros valores, la manera en cómo vemos el mundo y el modo de relacionarnos con los demás.

¿Cómo puedes iniciar?

Quiero regalarte esta técnica que me ha funcionado y me ha permitido recordar y reconocer quién soy y hacia dónde voy.

Paso 1: Agradécete

Agradece quién eres hoy.

Paso 2: Reconócete

Haz una lista de todo lo que has logrado para construir la versión que eres hoy.

Paso 3: Recuerda tu propósito

Identifica a dónde quieres llegar.

Paso 4: Visualízate cumpliendo esa meta

Ya lo has logrado.

Paso 5: Disfruta del proceso

Disfruta cada etapa del proceso hasta llegar a tu meta.

Repítelo todos los días hasta convertirlo en el hábito que transformará tu vida.

Te invito a que refuerces el paso cuatro, soy de las personas que cree en los planes de Dios en nuestra vida y sobre todo en el efecto potenciador que genera practicar la visualización de aquellas cosas que más anhelamos en la vida.

Practicar la visualización te da la capacidad de convertirte en el escritor y director de tu propia película, en la que eres el protagonista y puedes crear tu distintiva manera de viajar por el tiempo, con el poder de modificarla tantas veces quieras a partir de tu mente.

Está totalmente comprobado que visualizar de manera periódica un objetivo aumenta la probabilidad de alcanzarlo, porque inconscientemente vamos encontrando referencias y soluciones que nos acercan cada vez más a ese objetivo, aun cuando crees que no tienes la capacidad de imaginarlo. Todos podemos visualizar porque nuestro cerebro está preparado para hacerlo, simplemente se necesita intentarlo y practicarlo. ¡Vamos a intentarlo!

Ejercicio: «Visualizando tu meta»

1. Es importante que tengas muy claro el objetivo que quieres lograr. Te recomiendo ser muy específico con lo que quieres.

2. En una postura cómoda, haz un par de respiraciones profundas para focalizar tu energía y lograr la concentración.

3. Usa tu imaginación y poco a poco ve creando en tu mente una especie de fotografía en la que puedas ver con claridad aquello que deseas lograr.

4. Procura no dispersarte pensando en otras cosas o incluyendo nuevas posibilidades. Si esto ocurre, centra

la atención en tu respiración y empieza a crear tu imagen mental nuevamente.

5. Disfruta tu momento de éxito y explora las sensaciones placenteras que se registran en tu cuerpo.

6. Mantén una actitud positiva y dibuja una sonrisa en tu rostro mientras visualizas lo que deseas.

7. Créetelo.

8. Siéntete merecedor.

Hazlo ahora, detén la lectura unos segundos, tan solo unos segundos, cierra tus ojos y piensa en que lograste esa meta que tanto deseas conseguir. ¡Qué bien se siente! ¿verdad?; pero eso sí, conseguirlo depende de ti, tan pronto abres los ojos, debes ponerte manos a la obra y empezar a trabajar por ello. A través de la visualización recordaremos que no hay nada imposible. Este tipo de técnica te permite sentirte cerca de tu sueño, ya que no solo lo imaginas, también lo sientes. Es hora de visualizar y caminar hacia el éxito, transformando tus sueños por metas materializadas.

Y sé que a veces nos hemos podido sentir atrapados, desmotivados e incluso con sentimientos de incompetencia ante circunstancias difíciles o ante las metas que nos hemos planteado. Pero te quiero invitar a cuestionarte: ¿cómo te veías en tus inicios profesionales? ¿Qué sueños tenías? Lo cierto es que has cambiado; nada está perdido. Quizás te sientas un poco abrumado o apagado, sin embargo, haz que la pasión y las ganas de crecer perduren. Nunca es tarde para reconectarte contigo mismo y con tus metas.

No olvides que todos los días estamos construyendo nuestra mejor versión. Estoy segura de que la persona que eres hoy no es la misma de hace un año. Recuérdate todos los días lo increíble que eres, incentívate si es necesario, Pero sobre todo automotívate y reconócete. Y una vez que empieces por ti, transmite y transforma la vida de los demás.

Conviértete en un aliado en tu vida y en la vida de los demás.

RESUMEN FINAL

«No es lo que aprendes, sino lo que haces con lo que aprendes».

Rebeca Muñoz

¡A mí me funcionó!

Recorrimos 6 capítulos con el propósito de desenmascararnos y reconocer que el cambio empieza desde nosotros. A través del libro «Aliados» queda plasmado que un cambio personal genera una transformación completa y externa en cualquier ámbito de nuestra vida y a nivel organizacional.

Llegar al final de mi libro es demostrarte las ganas que tienes de ser mejor persona cada día. Aun cuando puede ser difícil, empieza a través del agradecimiento, de la empatía, de reconocer que todos tenemos propósitos y metas diferentes. El mundo necesita personas con más empatía. Vinimos para dejar un legado.

Queda comprobado que si se quiere un cambio externo debemos empezar por nosotros, es decir, que un cambio a nivel organizacional no será posible si primeramente no es personal. Muchos gerentes hacen la mención de que aplicar estrategias para generar el compromiso del empleado puede ser difícil o a veces innecesario, y no han reconocido que la efectividad de cualquier estrategia organizacional dependerá de ellos mismos.

Más allá del tipo de trabajo o nivel educativo que las personas tengan dentro de la organización, el reconocimiento e incentivo siempre serán un elemento clave para el desarrollo de un empleado. No es un secreto que cuando una persona es reconocida esta desarrolla un mayor compromiso.

El éxito organizacional no se logrará si en primer lugar no se trabaja en su capital humano. Para lograr el reconocimiento no es necesario que la gerencia realice una inversión alta a nivel económico, ya que el verdadero reconocimiento es aquel que inicia cuando agradecemos el desempeño de un trabajador.

Queda demostrado que las personas dentro de una organización requieren un liderazgo que sea de servicio y no autoritario; un estilo de liderazgo positivo y de servicio repercutirá en el desempeño de los empleados. Los líderes deben trabajar en función de convertirse en aliados de sus empleados.

A través del *coaching* organizacional se ha logrado que las empresas renueven sus estrategias logrando la transformación de sus empleados y directivos, de manera que tanto los empleados como la empresa desarrollen su potencial y alcancen los propósitos que tanto desean. Actualmente muchas empresas lo utilizan para crear climas laborales más agradables y explotar las aptitudes de sus empleados, algo que ha resultado favorecedor.

Por estas razones he creado el programa MRI (Motiva, Reconoce e Incentiva) con el fin de promover un nuevo estilo de liderazgo basado en el reconocimiento que merece todo empleado; establecer estrategias que eviten la rotación del personal; garantizar la identificación del empleado con la organización e implementar nuevos modelos de autoconocimiento.

MRI (Motiva, Reconoce e Incentiva) como programa es una invitación a ser más empáticos con los demás. Y a practicar la coherencia, ya que, si queremos ser reconocidos, debemos empezar por reconocer primeramente a los demás.

Es un hecho que gran parte del éxito organizacional depende de sus empleados, así que ¿por qué no procurarles espacios más felices?

Vinimos a dejar un legado y a servir a otros en este mundo... Inicia el tuyo.

REFERENCIAS

Abad, R. (2008). Cómo evitar la fuga de los mejores empleados. Microsoft Corporation.Centro para Empresas y Profesionales. Obtenido de http://www.microsoft.com/business/smb/eses/rrhh/fuga_empleados.mspx

Aguirre, C. (2002). Resumen del libro: Coaching para el Éxito. Conviértete en el entrenador de tu vida personal y profesional. Obtenido de http://www.misfinanzasenlinea.com/documents/resumenlibro_coaching_para_el_exito.pdf

Amaya, M. (s.f.). 10 habilidades de coaching para líderes y cómo desarrollarlas. Obtenido de https://amayaco.com/blog/habilidades-de-coaching-para-lideres

eClass. (03 de 08 de 2013). Blog Eclass. Obtenido de La primera Gerencia de Felicidad en Chile y Latinoamérica: https://blog.eclass.com/caso-gerencia-de-la-felicidad-en-chile

elempresario.mx. (22 de noviembre de 2018). Salario emocional, poco ofrecido en reclutamiento. México. Obtenido de https://elempresario.mx/management-mrkt/salario-emocional-poco-ofrecido-reclutamiento

Farfán, D. (2019). El coaching y su aporte profesional al deporte. Bogotá, Colombia: Universidad de ciencias aplicadas y ambientales.

Fernández, I. (18 de 06 de 2015). Ignacio Fernández-Blogspot. Obtenido de Qué es la felicidad organizacional: http://ignaciofernandez.blogspot.com/2015/06/que-es-la-felicidad-organizacional.html#:~:text=Felicidad%20organizacional%20es%20la%20capacidad,y%20sostenibles%2C%20construyendo%20un%20activo

Gómez, C. (2011). El salario emocional. Bogotá: Colegio de Estudios Superiores de Administración.

Jones, J. (2010). Hapiness at Work. Journal of Management Reviews, 12, 384-412.

Lozano, L. (2008). El coaching como estrategia para la formación de competencias profesionales. Revista EAN(63), 127-144.

Manríquez, W. U. (s.f.). El impacto de la felicidad en el desempeño organizacional. Santiago, Chile. Obtenido de http://demo.etechnologies.cl/Hubspot/Blog/eClass_UAI_Felicidad_organizacional.pdf

Manzanilla, V. H. (s.f.). Liderazgo Hoy. El principio Ser-Hacer-Tener. Recuperado el 15 de abril de 2021, de https://

www.liderazgohoy.com/el-principio-ser-hacer-tener/

Robinson, J. (2013). Entrepreneur. Convierte a tus empleados en aliados. Recuperado el 10 de abril de 2021, de https://www.entrepreneur.com/topic/recursos-humanos

Sosa Becerra, R. (6 de septiembre de 2017). Cátedra Carlos Llano. Obtenido de Cátedra Carlos Llano: https://www.carlosllanocatedra.org/blog-management/cuando-surge-el-coaching

Temple, I. (27 de febrero de 2017). El salario emocional. Obtenido de https://www.inestemple.com/es/2007/02/el-salario-emocional-2/

Vanegas García, M., & Delgado Abella, L. E. (2013). Psicología Organizacional: Perspectivas y avances (Primera ed.). Bogotá, Colombia: Ecoe ediciones.

Wolk, L. (2003). Coaching: el arte de soplar brasas (Segunda ed.). Buenos Aires, Argentina: Gran Aldea Editores.

ACERCA DE LA AUTORA

Ovimar Montiel

Venezolana nacida en la ciudad de Maracaibo, Estado Zulia. Abogada de profesión, coach ejecutiva organizacional. A sus diecinueve años realizó su primera charla de carácter motivacional titulada «Creer en ti mismo da resultado» y desde ese momento estuvo segura de que había nacido para **servir y ayudar** a las personas.

Emigró a los Estados Unidos en el año 2017, sus inicios en ese país le permitieron adquirir múltiples aprendizajes, sobre todo en el área organizacional, motivándola a realizar una Maestría en el área de recursos humanos, título que obtuvo en el año 2020. Posterior a ello se certificó como Coach ejecutiva organizacional con el propósito de ayudar y aportar nuevas herramientas para la transformación de las organizaciones, donde surgió la necesidad de escribir este, su primer libro «ALIADOS».

Ovimar ha cambiado la vida de muchas personas siendo facilitadora, motivadora y sobre todo impulsando y recordando a las personas que en la vida todo es posible siempre y cuando se mantenga la Fe en Dios y la confianza en uno mismo.

BIENETRE
EDITORIAL